A N
L O

CREATING F
TRUST AND
IN A DIGIT

LIN

WITH JON C
AND JOH

www.ingramcontent.com/pod-product-compliance
Lightning Source LLC
Chambersburg PA
CBHW071205220526
45468CB00003B/1172
* 9 7 8 1 9 7 4 3 9 8 9 9 7 *